Jürgen Albiez

Covid 19 - Kassiber

Von Februar bis April halten die Menschen ihre Füße still

© 2020 Jürgen Albiez

Autor: Jürgen Albiez
Umschlaggestaltung, Illustration: Jürgen Albiez

Verlag & Druck: tredition GmbH, Halenreie 40-44, 22359 Hamburg
ISBN 978-3-347-09794-0 (Paperback)
ISBN 978-3-347-09795-7 (Hardcover)
ISBN 978-3-347-09796-4 (e-Book)

Bibliografische Information der Deutschen Nationalbibliothek:
Die Deutsche Nationalbibliothek verzeichnet diese Publikation in der Deutschen
Nationalbibliografie; detaillierte bibliografische Daten sind im Internet über
http://dnb.d-nb.de abrufbar.

Vorwort

Das Jahr 2020 ließ sich für mich eigentlich ganz gut an. Ein wohlverdienter dreiwöchiger Urlaub mit meiner lieben Susanne in der Dominikanischen Republik. So kann es gerne weitergehen.

Pustekuchen, das neue Virus hat die ganze Welt auf den Kopf gestellt. Stattdessen Verwirrung und Irritation allerorten. Füße stillhalten heißt nun das Gebot. Die Einschränkungen und Einbußen bringen uns in große Not. Ist das alles opportun und was können wir dagegen unternehmen?

In der uns oktroyierten Quarantäne sitze ich in meinem Kämmerlein und dichte. Reim für Reim. Wie geht die Story weiter, ist die Frage. Ich denke, das erfahren wir in einem anderen Theater.

Meine Gedanken hierzu habe ich in dem vorliegenden Buch festgehalten und wünsche Euch eine gute Lektüre.

Aus dem „Arrest" grüßt Euch Euer Jürgen

im Mai 2020, Jahr des Covid-19

Covid-19 Shèngming

Ich will hier fort,
von diesem unseligen Ort.
Hinaus in die weite Welt,
soweit es mir gefällt.
Um die Menschheit in Schrecken zu versetzen,
sie herauszufordern sich zu widersetzen.
Bin ich tollkühn aus einem Labor entwichen,
oder habe ich mich vom Fischmarkt fortgeschlichen?
Die Antwort auf diese Fragen,
werde ich euch versagen.
Eine Frage mich aber quält:
bin ich vielleicht auserwählt,
den Homo Sapiens und sein verqueres Denken
in neue nachhaltige und solidarische Bahnen zu lenken?
Einen Wertewandel zu provozieren,
von dem alle Ethnien profitieren?
Fanatiker in ihre Schranken zurück zu weisen,
um den Fortschritt neu aufzugleisen?
Sollte sich das so ergeben,
will ich mich gerne geschlagen geben.

Der Traum

Aus tiefem Schlaf erwacht,
verflixt, schon nach Acht.
Hab heut nix Dolles vor,
leg mich aufs andere Ohr.
Und träum, ich bin im Film, im falschen.
Was soll ich kauderwelschen,
es is' ja wie es is!,
isso!

Meldung des Tages

Brandherde gibt es tausendfach auf dieser Welt,
benenne sie, wenn es dir gefällt.
Sei ehrlich, die meisten gehen dir am Arsch vorbei,
einfach zu viel der Nachrichtendudelei.
Aber vielleicht geht es dir jetzt an den Kragen.
Das schlägt dir auf Gemüt und Magen.
Man könnte meinen, belanglos sind die Fragen,
die so täglich an dir nagen.
Sei dankbar und denke positiv,
denn du liegst nicht auf Intensiv!
Gesundheit ist das höchste Gut der Welt.
Das hast du wohl auch schon festgestellt.

Das „C-Wort"

Zu jeder Zeit an jedem Ort,
gibt's scheinbar nur dies eine Wort.
Es ist jetzt negativ besetzt,
was uns in tiefster Seele schmerzt.
Ich möchte schwören,
keiner mag es noch hören.
Gefordert ist unsere ganze Energie,
im Kampf gegen die Pandemie.
Ein jeder in der Verantwortung steht,
damit das Übel schnell von dannen zieht.
Lob und Dank gebührt den Menschen,
die an vorderster Front unermüdlich kämpfen.
Ersehnt der Tag, an dem wir das C-Wort wieder positiv
besetzen
und den Helden den Ehren- und Siegerkranz aufsetzen.
Im Kranzgesims antiker Tempel ist es eine Wonne,
zu sehen die Leuchterscheinung um Mond und Sonne.
Dazu genieße eine Gerstenkaltschale aus Mexico
und ein kubanisches Zigarrenformat ebenso.
So macht CORONA uns keine Angst und sollte unser
Denken
zurück in bessere Bahnen lenken.

Solidarität

Ein paar Jährchen braucht sie schon,
die Evolution.
Bis der Mensch ist so frisiert
und sein Immunsystem so korrigiert,
dass es jeden Virus abserviert!
Geduld ist nunmehr angesagt,
Erfindergeist ist sehr gefragt.
Mit welchen genialen Behelfskrücken
können wir die Zeit bis dahin überbrücken?
Der einzelne über sich und seinen Nächsten wacht,
das sollte helfen, hab' ich mir gedacht.
In meiner Naivität.
Es ist nie zu spät
für Solidarität

Verständigung

Im Kampf gegen die Viren,
dürfen auch die Volksvertreter keine Zeit verlieren.
Darum ist es nun auch ihnen geboten,
neue Kommunikationswege auszuloten.
Zur Überbrückung von Raum und Zeit,
zu sehen, was hält die Kunst der Technik für uns bereit.
Die "Schalte"" haben sie nun für sich entdeckt,
von den Wirtschaftsbossen angesteckt.
Sie konferieren nun isoliert, aber synchron,
im World Wide Web mit Bild und Ton.
Und verschwenden nicht einen einzigen Gedanken,
um Reis und Bell und all den anderen zu danken.
Die haben ja mit ihrer Wissenschaft
diese Möglichkeit erst in's Spiel gebracht.
Beim Zeus,
wer ist Zeiss?
Auch dieses Genie müssen wir benennen,
ohne sein Mikroskop würden wir den Feind gar nicht
erkennen.
Debattiert und argumentiert wird jetzt per Videokonferenz.
Wir sind gespannt, führt das vielleicht zu mehr Effizienz?
Entscheidungen und Gesetzesvorlagen on demand,
temporär, von den Alpen bis zur Waterkant.
Bleibt die Frage, wie geht das nur,
ohne Hohes Haus und dessen Streitkultur?
Der mündige Bürger zeigt sich verunsichert.
Er fragt sich, ist die Regierungsarbeit weiterhin gesichert?

Lernprozess

Wir Bürger hoffen, dass die uns auferlegte Isolation,
bewahrt uns gnädigst vor weiterer Kontamination.
Mit dem Viruserreger, der sich Corona nennt,
und derzeit keine Feinde kennt.
Kommen Wissenschaft und Industrie noch überein
und stellen dem C-19 rechtzeitig noch ein Bein?
Die Nachfolger von Robert Koch
rätseln noch.
Behält die Politik die Übersicht,
bevor alles über uns zusammenbricht?
Daseinsfürsorge denkbar ohne Gewinnabsicht ?
Der Mensch scheint zum Umdenken bereit.
Es ist auch allerhöchste Zeit!
Folgen wir nun einer pragmatischen Vision,
oder ist das alles reine Illusion?

Kommunikation

Ich übe mich in Verzicht
und reiche sie dir nicht,
meine Hand.
Zu riskant!
Entgegen unserer Leitkultur,
bleibt ein freundliches Nicken nur.
Es gilt auch die Warnung
vor einer herzlichen Umarmung.
Ich wünschte der Abstand wär' mir schnurz
und meine Arme nicht so kurz.
Das nonverbale Ritual mir fehlt.
Ich hoffe, dass es wiederkehrt.
Denn nicht an jedem Orte,
finde ich die passenden Worte

Tagträume

Wenn die Tage plätschern so dahin,
kommen mir manch' Träume in den Sinn.
Es gibt derselben viele,
siehe ein paar Beispiele:
Mit meiner lieben Frau würd' ich zu gerne shoppen geh'n,
allerdings kann sie selbst das nicht versteh'n.
Mit meinen Kindern, den großen,
möchte ich anstoßen
auf unsere Gesundheit.
Das ist mir eine Herzensangelegenheit!
Mit meinen Enkelkindern möcht' ich toben.
Wo ist unten wo ist oben?
Den Hund mal von der Leine lassen,
das würde mir auch in's Schema passen.
Mit allen Fans aus voller Kehle grölen,
wenn die Fussis in der Arena pölen.
Mit den Freunden möchte ich Kartenspielen
und möglichst nicht verlieren.
In Gemeinschaft ein Glas Wein genießen,
wenn die Frühlingsblumen sprießen.
In der Sauna würd' ich gerne schwitzen,
wo die nackten Fräuleins sich erhitzen.
Die Frisöse dazu bewegen,
mir die Haare schön zu legen.
Und im Freibad zeig ich auch
meinen Waschbärbauch.
Ob diese Träume in Erfüllung geh'n?
Wir werden seh'n!

Der Gruss

Shakehand,
My friend!
Reich mir die Flosse,
Genosse!
Wird das auch in Zukunft wieder gelten,
oder leben wir dann in anderen Welten?
Heben wir zum Gruß den rechten Arm?
Gott der Herr erbarm!
Lasst uns mit dem Linken
fröhlich winken!
Wenn es dann ganz sicher ist,
das Virus hat sich jetzt verpisst:
Never see again und auf Nimmerwiederseh'n!

Abstand

Die Menschen die uns verwalten,
raten uns dringend, Abstand zu halten.
Es wird an die Bürger appelliert,
bis auch der Letzte es kapiert.
Doch wie soll'n wir unsere Art erhalten?
Der Brummifahrer die Männerwelt verhöhnt:
meiner ist sechszehn Meter lang, er tönt.
Was dem Herrn absteht,
der Dame zusteht.
Auch in Zukunft wird gestöhnt.
Ich fürchte, in meinem Alter,
benötigt niemand mehr einen Abstandhalter.

Maskenball

Die Maske, auch Pokerface genannt,
ist uns allen hinlänglich bekannt.
Was ist los in unseren Birnen?
Könnte ich nur schauen hinter all die Stirnen.
Jetzt aber sehe ich euch an, ihr seid bange.
Denn C-19 hat uns in der Zange.
Nun müssen wir die Maske wechseln.
Selber basteln, nähen, drechseln.
Vergesst alle anderen Maskeraden,
die dem Fetisch dienen oder den Schamanen.
Nicht mehr rotzen, niesen bei jeder Gelegenheit,
huste nur noch aus Verlegenheit.
Wenn's geht, in den linken oder rechten Arm,
ansteckend sein soll nur noch dein Charme!
„Auf die Gesundheit" , der Trinkspruch gilt ja allgemein,
doch trinken muss einjeder leider für sich allein.
Ungefragt,
den Eitlen unter uns sei gesagt:
Erschreckt euch nicht, lasst doch die Köter bellen,
Einen schönen Menschen kann nichts entstellen!

Der Morgen

Kummer und Sorgen,
vertreib ich auch,
das ist so Brauch,
An diesem Morgen.
Flieh' mein kuschliges Himmelbett,
nix wie hin zum Frühstücksbrett.
Was bringt mir der neue Tag,
ob ich überhaupt darüber nachdenken mag?
Nach einer kurzen Zeitspanne
entere ich die Badewanne.
Mit meinem bunten Segelboot
spiel' ich in des Schaumes Krone Seelennot.
Der Seelennotrettungskreuzer naht heran,
ob er meine kleine Seele retten kann?
Mit dem Frottetuch reib ich mich dann trocken,
um frohgemut auch diesen Tag zu rocken!

Aufruf

Eine Stimme, ganz leise und tief in mir drinnen,
rät zaghaft, den Gegebenheiten etwas Positives
abzugewinnen.
Jede Medaille hat seine zwei Seiten.
Das lernten wir beizeiten.
Hoffen und harren,
das macht manchen zum Narren.
Öffne deine fünf Sinne
auch für die schönen Dinge.
Kein Dröhnen von Motoren
quält derzeit deine Ohren.
Öffne dich für die leisen Töne,
erkenne in ihnen das Schöne.
Schütze deine Augen vor jeglichem Geflimmer.
Ein Blick in ein Herz oder in die Natur lohnt immer!
Stecke deine Nase nicht überall hinein,
sauge lieber die lieblichen Düfte ein.
Vermeide jede Art von bitterem Geschmack,
Köstliches soll auf deiner Zunge zergehen, wenn nötig im
Frack.
Von unfreundlichen Berührungen sollst du dich entlasten,
es gibt so viel Angenehmeres zu ertasten.
Bleibt eine Frage: wo geht die Reise hin?
Das sagt uns hoffentlich bald der Sechste Sinn.

Bänderdehnung

Fix von der Nabelschnur befreit,
habe ich es der Welt gezeigt.
Freier Bürger in einem freien Land,
das hab' ich schnell als hohes Gut erkannt.
Nicht überall ist das in dieser Form bekannt.
Ich finde meinen Weg durchs Leben,
und kann mich frei bewegen.
Aufhalten will mich nun ein Band.
Es flattert von Wand zu Wand.
Und schnell zur Stelle,
ist vom Ordnungsamt die Patrouille.
Auf hält sie ihre Hand,
um zu füttern das Stadtsäckel, wie bekannt.
Die lass ich mal ins Leere laufen,
werd' mir was Besseres von meinen Groschen kaufen.
Eventuell ein Band mit einem Orden,
ob das gut ankommt hier im Norden?
Nur eins müssen wir begreifen,
Bänder dürfen nicht zu Mauern reifen!

Beschallung

Fest sitzen wir in unseren selbsternannten Logen
und lauschen den Ausführungen des Virologen.
Der zum Medienstar mutiert,
manch Ungläubigen irritiert.
Anders jedoch die Politologen.
Sie haben alles aufgesogen.
Die Verantwortung für ihr Tun von sich geschoben.
Es klingelt in unseren Ohren,
wenn wir lauschen den Moderatoren,
die, rock around the clock,
versetzen uns vom einen in den and'ren Schock.
Heute hören wir von Maskenpflicht.
Darauf sind wir ganz erpicht.
Macht ja Sinn,
sie verdeckt mein Doppelkinn.
Und einen Wirkstoff will man erkunden
und testen am Menschen, dem gesunden.
Freiwillige vor, schnell hingerannt.
Es meldet sich bestimmt ein geeigneter Proband.
Könnte ich ihn fragen,
Wolfgang würde dazu sagen:
Die Botschaft hör ich wohl, allein mir fehlt der Glaube.
Wie denkt der Taube?

cooking by Hausarrest

Eigener Herd
ist Goldes wert.
Das schien lange Zeit vergessen,
gerne ging man auswärts essen.
Gutbürgerlich mediterran und exquisit,
gesegnet war der Appetit.
Kein Moin, Buongiorno, Kalimera erreicht mehr unsere Ohren,
am heimischen Herd gilt es jetzt selbst zu schmoren.
Was der Hobbykoch schon lange kann,
eignet sich der Heimwerker nun mit Mühe an.
Passé die Zeit bei Toni,
wir zaubern uns jetzt selbst die Makkaroni.
Selbst der härteste Rocker,
jetzt, als Stubenhocker,
haut sich die Eier in die Pfanne
und säuft den Kaffee aus der Kanne.
Erstellt er sich auch einen Bon?
Das haben wir nun davon.
Pfoten verbrannt, die Familie kichert,
Hoffentlich seid ihr alle gut versichert!

Gefühle

In Quarantäne üb' ich mich seit Wochen.
Ich habe es mir und anderen versprochen.
Doch langsam wächst in mir die Ungeduld.,
Das wird doch hoffentlich nicht Kult?
Wohin mit meiner Aggression?
Häusliche Gewalt ist keine Option!
Schattenboxen vielleicht schon.
Hilft Halma
meinem Karma?
Oder Lego
meinem Ego?
Vielleicht doch eher Alkoholgenuss
gegen meinen Überdruss?
Ich glaub' es kaum
und halte mich im Zaum,
reiße mich am Riemen,
Träum', ich hätte Kiemen.
Als back up quasi sozusagen.
Noch irgendwelche Fragen?

Santa Fu

Wie bei den schweren Jungs in Santa Fu,
ist auch hinter mir die Türe zu.
Bin ich straffällig geworden,
im Zusammenhang mit Nötigung und Morden?
Ich doch nicht, nimmernie!
Habe auch ein Alibi.
Sitze fest,
im Arrest.
Nicht in Strafhaft, wie ihr denkt,
lediglich in Schutzhaft, das ist Trend.
Dank Gesetzeskraft, wie man es nennt.
Bin auch nicht in Beugehaft,
die mir Zeit für Ausflüchte verschafft.
Nur für den Hofgang öffnet sich mir das Tor.
Wer will, sieht mich dann im Himmelmoor.
Doch warnen muss ich all die Jungen und die Alten:
Abstand halten!

Ergebenheit

Quarantäne und Maskenpflicht,
ob uns das überhaupt noch anficht?
Wenn ich durch die Straßen gehe
und die bemalten Fenster sehe,
bleib zuhause, stay at home,
dann denke ich schon:
wen soll das noch schrecken?
Lange schon spielen wir in unserem Home Verstecken.
"Tritt ein - bring Glück herein",
wo ist das noch Brauch?
Fragt ihr euch das auch?
Und in der Not,
wird sie zum Gebot,
die Maskenpflicht.
Sie verdeckt nun dein Gesicht.
Abstand halten heißt das Gebot.
Realisierst du das nicht als Verbot?
Soll eine App nun über uns wachen?
Ich find's eher zum Weinenn, nicht zum Lachen.
Ist das alles ein schleichender Prozess
und wen nehmen wir dann in Regress?
Ist etwa unsere Freiheit in Gefahr?
Oh Herr, vor Seuche und wilden Theorien uns bewahr.
Mehr wissen wir im nächsten Jahr.

Frust

Heute habe ich mir den Spiegel vorgehalten,
mich gefragt: Junge, warum bist du so ungehalten?
Was geht dir denn auf den Senke,l
ist es die Frau, sind es die Enkel?
Nein, die Ursache liegt anderswo begraben.
Ich will es Euch gerne sagen:
Auf den Keks gehen mir schon lange die Meteorologen
und jetzt auch noch die Virologen.
Wie ein Tsunami sie uns überrollen,
gefallen sich in ihren Rollen.
Wie auch so mancher Präsident,
der besser seinen Schnabel hält.
Auch der Anchorman mit seinem Geseier,
geht mir gehörig auf die Eier.
Wenn das nicht aufhält, ungelogen,
begebe ich mich zum Psychologen.
Vielleicht hilft jetzt eine Therapie,
man weiß ja nie.
Aber mein Internist,
der weiß, was Sache ist.
Jetzt ist mir alles klar und einerlei:
mir altem Sack geht es nun am Allerwertesten vorbei.

Termine

Es gab Zeiten,
ich kann es nicht bestreiten,
da haben, wie man's nimmt,
Termine mein Leben bestimmt.
Bin von hier nach dort gehetzt
und zu guter Letzt:
Aus dem Hals hing mir die Zunge
und es keuchte meine Lunge.
Ich war ja so versessen.
Hab' ich darüber was vergessen?
Ich hörte von Entschleunigung
und begriff das als Beleidigung.
Rollen muss der Rubel,
ohne den kein Jubel.
In meinen Wänden bin ich nun gefangen.
Und wer ist statt meiner ausgegangen?
Kein Termin ist im Kalender festgehalten.
Mein Leben muss ich nun neu gestalten.
Was ist mir wichtig
und was eher nichtig?
Hacken in den Teer,
gilt derzeit für mich nicht mehr.
Die Corona Helden vollen Einsatz zeigen,
davor kann ich nur in Ehrfurcht mich verneigen!

Totschlag

Passanten haben es entdeckt.
Das Opfer, lang hingestreckt.
Hinter einer Hecke,
gleich um die Ecke.
Um die Selbige wurde sie gebracht.
Wer hat das nur gemacht?
Der Kommissar eilt heran mit Tatü und Tata,
die Forensikerin ist wieder mal vor ihm da.
Ist der Fundort
zugleich der Tatort?
Wer ist das Opfer, hat es einen Namen,
kann mir das einer sagen?
Geschehen zu welcher Stunde?
Sprudeln die Fragen aus seinem Munde.
Kombiniere, sind Tatwaffe und Motiv erst einmal bekannt,
ist der Täter oder die Täterin schnell erkannt.
Aus niedrigen Beweggründen wurde das Opfer erschlagen,
Lautet die Antwort auf all seine Fragen.
Langeweile sei das Motiv gewesen.
Doch die Zeit wird nicht verwesen.
Unbeirrt und unaufhaltsam sie weiter flitzt,
wenn sie dir nicht gerade im Nacken sitzt.

Regal

Um Ordnung und um Übersicht bemüht,
steh' ich an der Wand ganz ungerührt.
Hier im Supermarkt steh' ich schon seit Jahren
und präsentiere alle erdenkbaren Waren.
Die der Mensch zum Leben braucht,
wenn er Hunger verspürt, trinkt oder raucht.
Und wenn er dann tatscht und grapscht,
das frische Obst zermatscht,
wird mir schlecht,
ganz echt.
Bisher hatte ich im Angebot den Hering,
doch im Zuge von Jobsharing,
bin ich nun gefüllt bis zur Decke
mit Papier, gedacht für hinterlistige Zwecke.
Kaum bin ich von einer Menschenhand bestückt,
von vielen anderen umgehend zerpflückt.
Ich erlebe einen Run,
von dem ich noch meinen Urenkeln erzählen kann.
Steh' nun leer und glaub' es nicht:
Ist der Mensch nicht mehr ganz dicht?
Ich hoffe, es naht wieder die Zeit heran,
die man als einigermaßen normal betiteln kann.

Geisterstunde

Abertausende von Kickern sind geknickt,
denn derzeit wird nirgendwo gekickt.
Allerorten ruht der Ball, das so geliebte Hobby,
auf den Plan tritt nunmehr ihre Lobby.
Den Lockdown gilt es auszuhebeln,
den Gesetzeshütern will man das Hirn vernebeln.
Es soll gekickt werden vor leeren Rängen,
die Fans sich nunmehr in die Sofas zwängen.
Können sie sich mit ihrem maroden Club noch identifizieren?
Ist es ihnen egal, ob die Protagonisten sich infizieren?
Der Ball wird hin und her geschoben,
die Kicker und die Euronen hin und her verschoben.
Erkennen wir, dass die Tradition,
weicht einer Art Religion.
Die ausschließlich dem schnöden Mammon fröhnt.
Elf Freunde haben längst ausgedient.
Zu befürchten bleibt,
dass sich nicht nur der Ball als Luftblase zeigt.
Wenn die Politik dem Ansinnen nicht entspricht,
für Millionen Fans die Welt zusammenbricht.
Ein neues Regelwerk tut dann wohl Not:
Für Randale und spucken gibt's jetzt Karton in rot!

Ball paradox

Zum Fussball braucht es gar nicht viel.
Das Runde in´s Eckige, das ist das Ziel.
Doch findet das derzeit nicht statt,
die Regeln steh´n auf einem neuen Blatt.
Der Ball fliegt nicht mehr, er ruht.
Vorbei ist es mit seinem Übermut.
Zur Gewissheit wird sein Bangen:
jetzt ist er mit vielen anderen gefangen.
Entgegen dem Gebot der Stunde
und dem Rat aus berufenem Munde,
eingepfercht in einem Netz aus Nylon,
ihr hörtet schon davon:
wenn dem Ball die Luft ausgeht,
kein Fan an seinem Grabe steht.
Ball paradox.

Verlockung

Stillsitzen, das weiß unsereins,
gibt in Betragen eine Eins.
Das ist schon in der Schule so gewesen
und bestimmt noch heute unser Wesen.
Belohnt wird jetzt unsere Disziplin,
wir dürfen wieder fast überall hin.
Bitte mit Bedacht und nicht übereilt,
damit kein Rückfall uns ereilt.
Gelockert wird nicht überall,
entschieden wird von Fall zu Fall.
Ein Cexit mit gebremstem Schaum,
der eine jubelt, der andere kaum.
Es glauben die Gastronomen,
die Welt habe sich gegen sie verschworen.
Sie hat es besonders hart getroffen,
es wird auch heute weder geschlemmt noch gesoffen.
Die Locations bleiben bis auf Weiteres geschlossen.
Wohin gehen wir,
zu dir oder zu mir?
Manch einer denkt:
Geschenkt.

Das Spiel

Die Brüder beieinandersitzen,
um sich beim Skatspiel zu erhitzen.
Es wird gemischt und abgehoben,
ausgegeben und später wohl auch mal geschoben.
Hat jeder seine Karten dann bekommen,
werden diese aufgenommen.
Geben, hören, sagen.
Gibt es da noch Fragen?
Es wird gereizt, gepasst, gemauert,
wenn's nur nicht zu lange dauert.
Achtzehn, zwanzig, und so weiter,
die Runde ist sehr heiter.
Wer das beste Blatt bekommen,
der hat den Skat genommen.
Ich wird' verrückt,
Vorhand hat gedrückt.
Und ungefragt
Grand angesagt.
Der wird bestimmt mit Vieren sein,
er hat doch immer so viel Schwein.
Doch im Siegesrausch er unbedacht,
den Fehler seines Lebens macht.
Nur eine Karte hat er in den Stock gelegt,
trotz Contra hat er's aber überlebt.
Wenn das Coronavirus hoffentlich bald erlischt,
werden die Karten neu gemischt.
Auf diese frohe Kunde
warte ich mit euch in unserer geliebten Runde.

Bedrohungen

Sind sie vorgetäuscht oder echt?
Das ist unerheblich im deutschen Recht.
Covid 19 ist ein Gefährdungsdelikt,
vor dem die ganze Welt erschrickt.
Doch als Straftatbestand
ist es irrelevant.
Aber, wie sieht es aus mit dem Lockdown,
Kann man ihm getrost in's Auge schau'n?
Und den Gesetzesvertretern auch vertrau'n?
Oder sind die uns auferlegten Restriktionen,
erst ein Vorgeschmack auf Morgen?
Wird unsere Freiheit weiterhin beschnitten,
drohen Ungemach und harte Sitten?
Zerschlagt bitte nicht das Porzellan,
fleht der Untertan.

App, App, Hurra

Apps sind ein fester Bestandteil unseres Lebens.
Der Versuch, ihnen zu entgehen, ist vergebens.
Sie erleichtern unser Leben phänomenal,
hier und jetzt und überall.
Im App-Store kannst du dich bedienen,
die Vielfalt der Varianten ist gediegen.
Von der Spaßanwendung
bis zur Fernbedienung.
Such aus nach deinem Gefallen,
doch stolpere nicht in ominöse Fallen,
die dich an die Kette legen,
du willst dich doch weiterhin frei bewegen.
Dafür hast du vielleicht schonmal demonstriert.
Gib acht, dass man es nicht konterkariert.
Und dir das Blut in den Adern gefriert.

Herausforderung

Das Homeoffice ist einigen ja länger schon bekannt,
man hat sich arrangiert und auch die Vorteile erkannt.
Nun kommt es hart:
die Kitas und Schulen haben dichtgemacht.
Was machen die Eltern nun mit ihren Gören,
wenn diese nicht parieren oder hören?
Liegen die Nerven blank,
oder wird tatsächlich jemand dadurch krank?
Sie sind hoffentlich der Situation gewachsen,
schließlich sind sie ja erwachsen.
Und die Kinder ereilt unvermutet das Wissen,
dass sie Kita oder Schule tatsächlich vermissen.
Ich hoffe, im Familienverbund,
bleiben alle schön gesund.
Was Opa schon sagte, wird jetzt allen klar:
Die Welt ist nicht mehr so, wie sie früher einmal war.

Herrengedeck

Herr Wirt, wir hoffen, du bist bereit.
Es wurde auch allerhöchste Zeit.
Du hast' hoffentlich die letzte Zeit genutzt
und die Gläser all geputzt.
Das Bier gepflegt
und, so hoffen wir,
dein liebstes Tier,
den Zapfhahn, auch gehegt.
Wir bringen mit in dieser Stunde,
so schallt es aus der Runde,
der Welt größten Durst,
ihn zu löschen ist uns eine Lust.
Das Nordlicht meint: "nicht lang schnacken,
Kopp' in Nacken".
Wir möchten, dass du überlebst
und uns nicht vor die Hunde gehst.
Mach hoch die Tür, das Tor mach weit,
wenn wir hier wieder rausgeh'n, sind wir breit.
„Na denn, Prost,
wer nix hat de host! "

Der Weg

Ich darf jetzt wieder überall hin,
kommt mir in den Sinn.
Doch wohin führt mich der Weg,
habe ich ein Privileg?
Folge ich der Willkür,
gehe ich ziellos oder einfach nach Gespür?
Weil ich es nicht zu sagen weiß,
bewege ich mich halt im Kreis
Pinneberg, im schönen Holsteinland.
Gar nicht weit bis zur Waterkant.
Meine Spuren sind der Beweis,
sie folgen der Sonne Lauf.
In Quickborn über der Pinnau geht sie auf,
in Wedel an der Elbe steht sie hoch am Firmament.
Wer nur ihre Wege lenkt?
Um im weiteren Verlauf
am Helgoländer Horizont zu versinken,
in den Weiten der Nordsee zu ertrinken.
Derweil im hohen Osterhorn
trinkt man ihr zum Abschied einen Korn.
Doch mein Weg führt wieder mal nach Haus.
Genauso, wie die Menschen hier im Land, immer geradeaus.

Die Rettung?

Ein riesiger Schirm wurde aufgespannt.
Doch nicht jeder hat die Rettung für sich darin erkannt.
Das System lässt manchen im Regen stehen,
wie er da rauskommt, muss er selbst schon sehen.
Großkonzerne hingegen in unserem Land,
halten ungeniert auf, ihre Hand.
Und in ihren Steueroasen
saufen sie Champagner aus kunstvoll bemalten Vasen.
Jetzt ist die Zeit gekommen, es wird langsam hochgefahren.
Das Leben, die Wirtschaft, vernachlässigt man etwaige Gefahren?
Ganoven haben Hochkonjunktur.
Das Geschäft mit der Angst wird zur Kultur.
Wie wird sie aussehen, die Welt von Morgen,
nach Corona mit all unseren Sorgen?
Ihr habt richtig erkannt,
wie ein Flitzebogen bin ich gespannt!
Bleibt gesund!

Gesammelte Werke

Eine ungefilterte Sammlung aus dem „Mount Everest" der Weissagungen und Statements

Ursprung der Pandemie

Die COVID-19-Pandemie (auch Coronavirus-Pandemie, Corona-Pandemie, Coronavirus-Krise oder Corona-Krise, ehemals auch Coronavirus-Epidemie) ist ein Ausbruch der neu aufgetretenen Atemwegserkrankung COVID-19 (oder „Covid-19", für englisch corona virus disease 2019; auf Deutsch Coronavirus-Krankheit-2019). Diese Erkrankung war erstmals im Dezember 2019 in der Millionenstadt Wuhan der chinesischen Provinz Hubei auffällig geworden, entwickelte sich im Januar 2020 in China zur Epidemie und breitete sich schließlich weltweit aus. Der Ausbruch wurde durch das bis dahin unbekannte Coronavirus SARS-CoV-2 ausgelöst. Dieses Virus wird auch als neuartiges Coronavirus bezeichnet. Um einer Ausbreitung in Staaten ohne leistungsfähige Gesundheitssysteme entgegenzuwirken, rief die Weltgesundheitsorganisation (WHO) am 30. Januar 2020 die internationale Gesundheitsnotlage aus. Ab dem 28. Februar 2020 schätzte die WHO in ihren Berichten das Risiko auf globaler Ebene als „sehr hoch" ein (englisch WHO risk assessment, global level: very high), zuvor als „hoch". Am 11. März 2020 erklärte die WHO die bisherige Epidemie offiziell zu einer Pandemie, der ersten seit der Pandemie H1N1 2009/10.
Sichtweisen zum Lockdown und möglichen Ausstiegsszenarien

Kanzlerin Merkel warnt CDU-Präsidium vor „Öffnungsdiskussionsorgien"

Am heutigen Montag (27.04.2020) treten erste Lockerungen der Corona-Maßnahmen für große Teile Deutschlands in Kraft und schon warnt die Kanzlerin vor zu viel Aktionismus. Gegenüber dem CDU-Präsidium sagte Angela Merkel in einer Konferenzschalte, dass sie in keine "Öffnungsdis-

36

kussionsorgien" verfallen wolle. Sie hat vor zu weit gehenden Lockerungen der Corona-Beschränkungen gewarnt. Merkel habe in einer Konferenz-schaltung des CDU-Präsidiums am Montagvormittag gemahnt, nicht „in Öffnungsdiskussionsorgien" zu verfallen, berichtete das RedaktionsNetz-werk Deutschland (RND) unter Berufung auf Teilnehmer der Sitzung. Das Risiko eines Rückfalls in einen ungünstigen Verlauf der Corona-Infektio-nen sei riesig.

Die SPD-Vorsitzende Saskia Esken bewertet Merkels Aussage differenziert

Die Debatte um Lockerungen dürfe man „keinesfalls verbieten", sagt sie. „Wir alle vermissen soziale Nähe und Kultur, Spiel und Sport. Vielen fehlt zudem ein erheblicher Teil ihres Einkommens, und insbesondere die Fa-milien leiden sehr." Allerdings sei Deutschland trotz erster Erfolge bei der Eindämmung der Covid-Infektionen noch lange nicht über den Berg. „Wenn wir den Gesundheitsschutz ernst nehmen, dürfen wir niemanden glauben machen, es gäbe in Kürze irgendeine Art gewohnter ‚Normalität'."

Coronavirus: Die Psychologie hinter den Hamsterkäufen
Toilettenpapier, Nudeln, Seife, Konserven und Desinfektionsmittel - dank so mancher Hamsterkäufer sind diese Dinge vielerorts ausverkauft. Sozial-psychologe Andy Yap erklärt, was hinter den Panik-Käufen steckt.
DW: Professor Yap, warum kaufen manche Menschen derart panisch ein?
Andy Yap: Das Coronavirus ist ein unsichtbarer Feind. Wir können es nicht sehen. Und wer seinen Feind nicht sehen kann, verliert das Gefühl von Kontrolle. Wer sein Kontrollgefühl verliert, versucht Dinge zu kom-pensieren, um das Gefühl von Kontrolle wieder zu erlangen. Bestimmte Dinge zu kaufen, ist eine solche Kompensation.

Am Deutschen Gesundheitswesen soll das Volk genesen

Das Kabinett hat heute (29.04.2020) den Entwurf eines "Zweiten Geset-zes zum Schutz der Bevölkerung bei einer epidemischen Lage von natio-naler Tragweite" beschlossen. Ziel des Entwurfs ist es, besonders gefährdete Menschen bestmöglich vor einer Infektion mit dem Coronavirus zu schützen und einen besseren Einblick in den Verlauf der Epidemie zu erhalten. Wir wollen Corona-Infizierte künftig schneller finden, testen und versorgen können. Nur so können wir Infektionsketten wirksam durchbrechen und einen unkontrollierten Ausbruch der Epidemie in Deutschland verhindern. Dazu stärken wir den Öffentlichen Gesundheitsdienst, ermöglichen mehr Tests in Pflegeheimen und erweitern die Meldepflichten. Dieses Update wird uns dabei helfen, unser Gesundheitswesen weiterhin auf einem guten Kurs bei der Bewältigung der Epidemie zu halten.

Bundesgesundheitsminister Jens Spahn am 29.04.2020

Krankheitsbild

Die Symptome der neuen Lungenkrankheit sind eher unspezifisch. Fieber, trockener Husten und Atemprobleme können auch bei einer Grippe auftreten.Die Sars-CoV-2-Viren vermehren sich wie Grippeviren im Rachen, was sie ansteckender mache als anfangs vermutet, berichtet der Virologe Christian Drosten von der Berliner Charité. Die Erreger infizieren vor allem Zellen der unteren Atemwege und können eine Lungenentzündung verursachen. Manche Menschen haben nur eine leichte Erkältungssymptomatik mit Frösteln und Halsschmerzen. Mitunter können Patienten auch Kopfschmerzen oder Durchfall haben. Fieber tritt nicht zwangsläufig auf. Nach Angaben der WHO nehmen rund 80 Prozent der Fälle einen milden Verlauf. Dennoch sei es gerade jetzt wichtig, das Virus energisch zu bekämpfen. In der weit überwiegenden Zahl der Fälle –zeigen mehr als 80 Prozent der Menschen, die sich mit dem Covid-19-Erreger angesteckt haben, nur milde Symptome, bestätigt auch Chinas Gesundheitsbehörde. Knapp 14 Prozent der Betroffenen entwickeln schwere Symptome wie Atemnot, nur knapp 5 Prozent lebensbedrohliche Auswirkungen wie Atemstillstand, septischen Schock oder Multiorganversagen. Menschen mit milden Symptomen erholen sich der WHO zufolge in zwei Wochen, solche mit schweren Symptomen brauchen drei bis sieben Wochen. Besonders gefährdet sind Menschen über 65, Personen mit chronischen Atemwegserkrankungen, erhöhtem Blutdruck, Herzkreislauferkrankungen oder Diabe-

tes und solche, deren Immunsystem durch eine Therapie geschwächt ist.
Bei diesen Personen kann Covid-19 einen lebensbedrohenden Verlauf neh-
men. Es gebe zudem relativ wenige Fälle bei Kindern, ergänzt der General-
direktor der Weltgesundheitsorganisation (WHO), Tedros Adhanom
Ghebreyesus. Noch sei aber unklar, warum das so sei.

Matthias Horx - Die Welt nach Corona

Die Corona-Rückwärts-Prognose: Wie wir uns wundern werden, wenn die
Krise „vorbei" ist

Ich werde derzeit oft gefragt, wann Corona denn „vorbei sein wird", und
alles wieder zur Normalität zurückkehrt. Meine Antwort: Niemals. Es gibt
historische Momente, in denen die Zukunft ihre Richtung ändert. Wir
nennen sie Bifurkationen. Oder Tiefenkrisen. Diese Zeiten sind jetzt.

Die Welt as we know it löst sich gerade auf. Aber dahinter fügt sich eine
neue Welt zusammen, deren Formung wir zumindest erahnen können.
Dafür möchte ich Ihnen eine Übung anbieten, mit der wir in
Visionsprozessen bei Unternehmen gute Erfahrungen gemacht haben. Wir
nennen sie die RE-Gnose. Im Gegensatz zur PRO-Gnose schauen wir mit
dieser Technik nicht »in die Zukunft«. Sondern von der Zukunft aus
ZURÜCK ins Heute. Klingt verrückt? Versuchen wir es einmal:

Die Re-Gnose: Unsere Welt im Herbst 2020
Stellen wir uns eine Situation im Herbst vor, sagen wir im September 2020.
Wir sitzen in einem Straßencafe in einer Großstadt. Es ist warm, und auf
der Strasse bewegen sich wieder Menschen. Bewegen sie sich anders? Ist
alles so wie früher? Schmeckt der Wein, der Cocktail, der Kaffee, wieder
wie früher? Wie damals vor Corona?
Oder sogar besser?
Worüber werden wir uns rückblickend wundern?

Wir werden uns wundern, dass die sozialen Verzichte, die wir leisten mussten, selten zu Vereinsamung führten. Im Gegenteil. Nach einer ersten Schockstarre fühlten viele von sich sogar erleichtert, dass das viele Rennen, Reden, Kommunizieren auf Multikanälen plötzlich zu einem Halt kam. Verzichte müssen nicht unbedingt Verlust bedeuten, sondern können sogar neue Möglichkeitsräume eröffnen. Das hat schon mancher erlebt, der zum Beispiel Intervallfasten probierte – und dem plötzlich das Essen wieder schmeckte. Paradoxerweise erzeugte die körperliche Distanz, die der Virus erzwang, gleichzeitig neue Nähe. Wir haben Menschen kennengelernt, die wir sonst nie kennengelernt hätten. Wir haben alte Freunde wieder häufiger kontaktiert, Bindungen verstärkt, die lose und locker geworden waren. Familien, Nachbarn, Freunde, sind näher gerückt und haben bisweilen sogar verborgene Konflikte gelöst.

Die gesellschaftliche Höflichkeit, die wir vorher zunehmend vermissten, stieg an.

Jetzt im Herbst 2020 herrscht bei Fussballspielen eine ganz andere Stimmung als im Frühjahr, als es jede Menge Massen-Wut-Pöbeleien gab. Wir wundern uns, warum das so ist.

Wir werden uns wundern, wie schnell sich plötzlich Kulturtechniken des Digitalen in der Praxis bewährten. Tele- und Videokonferenzen, gegen die sich die meisten Kollegen immer gewehrt hatten (der Business-Flieger war besser) stellten sich als durchaus praktikabel und produktiv heraus. Lehrer lernten eine Menge über Internet-Teaching. Das Homeoffice wurde für Viele zu einer Selbstverständlichkeit – einschließlich des Improvisierens und Zeit-Jonglierens, das damit verbunden ist.

Gleichzeitig erlebten scheinbar veraltete Kulturtechniken eine Renaissance. Plötzlich erwischte man nicht nur den Anrufbeantworter, wenn man anrief, sondern real vorhandene Menschen. Das Virus brachte eine neue Kultur des Langtelefonieren ohne Second Screen hervor. Auch die »messages« selbst bekamen plötzlich eine neue Bedeutung. Man

40

kommunizierte wieder wirklich. Man ließ niemanden mehr zappeln. Man hielt niemanden mehr hin. So entstand eine neue Kultur der Erreichbarkeit. Der Verbindlichkeit.

Menschen, die vor lauter Hektik nie zur Ruhe kamen, auch junge Menschen, machten plötzlich ausgiebige Spaziergänge (ein Wort, das vorher eher ein Fremdwort war). Bücher lesen wurde plötzlich zum Kult.

Reality Shows wirkten plötzlich grottenpeinlich. Der ganze Trivial-Trash, der unendliche Seelenmüll, der durch alle Kanäle strömte. Nein, er verschwand nicht völlig. Aber er verlor rasend an Wert.
Kann sich jemand noch an den Political-Correctness-Streit erinnern? Die unendlich vielen Kulturkriege um … ja um was ging da eigentlich?

Krisen wirken vor allem dadurch, dass sie alte Phänomene auflösen, über-flüssig machen…
Zynismus, diese lässige Art, sich die Welt durch Abwertung vom Leibe zu halten, war plötzlich reichlich out.
Die Übertreibungs-Angst-Hysterie in den Medien hielt sich, nach einem kurzen ersten Ausbruch, in Grenzen.

Nebenbei erreichte auch die unendliche Flut grausamster Krimi-Serien ihren Tipping Point.

Wir werden uns wundern, dass schließlich doch schon im Sommer Medikamente gefunden wurden, die die Überlebensrate erhöhten. Dadurch wurden die Todesraten gesenkt und Corona wurde zu einem Virus, mit dem wir eben umgehen müssen – ähnlich wie die Grippe und die vielen anderen Krankheiten. Medizinischer Fortschritt half. Aber wir haben auch erfahren: Nicht so sehr die Technik, sondern die Veränderung sozialer Verhaltensformen war das Entscheidende. Dass Menschen trotz radikaler Einschränkungen solidarisch und konstruktiv bleiben konnten, gab den Ausschlag. Die human-soziale Intelligenz hat geholfen. Die vielgepriesene Künstliche Intelligenz, die ja bekanntlich alles lösen kann, hat dagegen in Sachen Corona nur begrenzt gewirkt.

Damit hat sich das Verhältnis zwischen Technologie und Kultur verschoben. Vor der Krise schien Technologie das Allheilmittel, Träger aller Utopien. Kein Mensch – oder nur noch wenige Hartgesottene – glauben heute noch an die große digitale Erlösung. Der große Technik-Hype ist vorbei. Wir richten unsere Aufmerksamkeiten wieder mehr auf die humanen Fragen: Was ist der Mensch? Was sind wir füreinander?

Wir staunen rückwärts, wieviel Humor und Mitmenschlichkeit in den Tagen des Virus tatsächlich entstanden ist.

Wir werden uns wundern, wie weit die Ökonomie schrumpfen konnte, ohne dass so etwas wie »Zusammenbruch« tatsächlich passierte, der vorher bei jeder noch so kleinen Steuererhöhung und jedem staatlichen Eingriff beschworen wurde. Obwohl es einen »schwarzen April« gab, einen tiefen Konjunktureinbruch und einen Börseneinbruch von 50 Prozent, obwohl viele Unternehmen pleitegingen, schrumpften oder in etwas völlig anderes mutierten, kam es nie zum Nullpunkt. Als wäre Wirtschaft ein atmendes Wesen, das auch dösen oder schlafen und sogar träumen kann.

Heute im Herbst, gibt es wieder eine Weltwirtschaft. Aber die Globale Just-in-Time-Produktion, mit riesigen verzweigten Wertschöpfungsketten, bei denen Millionen Einzelteile über den Planeten gekarrt werden, hat sich überlebt. Sie wird gerade demontiert und neu konfiguriert. Überall in den Produktionen und Service-Einrichtungen wachsen wieder Zwischenlager, Depots, Reserven. Ortsnahe Produktionen boomen, Netzwerke werden lokalisiert, das Handwerk erlebt eine Renaissance. Das Global-System driftet in Richtung GloKALisierung: Lokalisierung des Globalen.

Wir werden uns wundern, dass sogar die Vermögensverluste durch den Börseneinbruch nicht so schmerzen, wie es sich am Anfang anfühlte. In der neuen Welt spielt Vermögen plötzlich nicht mehr die entscheidende Rolle. Wichtiger sind gute Nachbarn und ein blühender Gemüsegarten.

Könnte es sein, dass das Virus unser Leben in eine Richtung geändert hat, in die es sich sowieso verändern wollte?

RE-Gnose: Gegenwartsbewältigung durch Zukunfts-Sprung
Warum wirkt diese Art der »Von-Vorne-Szenarios« so irritierend anders als eine klassische Prognose? Das hängt mit den spezifischen Eigenschaften unseres Zukunfts-Sinns zusammen. Wenn wir »in die Zukunft« schauen, sehen wir ja meistens nur die Gefahren und Probleme »auf uns zukommen«, die sich zu unüberwindbaren Barrieren türmen. Wie eine Lokomotive aus dem Tunnel, die uns überfährt. Diese Angst-Barriere trennt uns von der Zukunft. Deshalb sind Horror-Zukünfte immer am Einfachsten darzustellen.

Re-Gnosen bilden hingegen eine Erkenntnis-Schleife, in der wir uns selbst, unseren inneren Wandel, in die Zukunftsrechnung einbeziehen. Wir setzen uns innerlich mit der Zukunft in Verbindung, und dadurch entsteht eine Brücke zwischen Heute und Morgen. Es entsteht ein »Future Mind« – Zukunfts-Bewusstheit.

Wenn man das richtig macht, entsteht so etwas wie Zukunfts-Intelligenz. Wir sind in der Lage, nicht nur die äußeren »Events«, sondern auch die inneren Adaptionen, mit denen wir auf eine veränderte Welt reagieren, zu antizipieren.

Das fühlt sich schon ganz anders an als eine Prognose, die in ihrem apodiktischen Charakter immer etwas Totes, Steriles hat. Wir verlassen die Angststarre und geraten wieder in die Lebendigkeit, die zu jeder wahren Zukunft gehört.

Wir alle kennen das Gefühl der geglückten Angstüberwindung. Wenn wir für eine Behandlung zum Zahnarzt gehen, sind wir schon lange vorher besorgt. Wir verlieren auf dem Zahnarztstuhl die Kontrolle und das schmerzt, bevor es überhaupt wehtut. In der Antizipation dieses Gefühls steigern wir uns in Ängste hinein, die uns völlig überwältigen können.

43

Wenn wir dann allerdings die Prozedur überstanden haben, kommt es zum Coping-Gefühl: Die Welt wirkt wieder jung und frisch und wir sind plötzlich voller Tatendrang.

Coping heißt: bewältigen. Neurobiologisch wird dabei das Angst-Adrenalin durch Dopamin ersetzt, eine Art körpereigener Zukunfts-Droge. Während uns Adrenalin zu Flucht oder Kampf anleitet (was auf dem Zahnarztstuhl nicht so richtig produktiv ist, ebenso wenig wie beim Kampf gegen Corona), öffnet Dopamin unsere Hirnsynapsen: Wir sind gespannt auf das Kommende, neugierig, vorausschauend. Wenn wir einen gesunden Dopamin-Spiegel haben, schmieden wir Pläne, haben Visionen, die uns in die vorausschauende Handlung bringen.

Erstaunlicherweise machen viele in der Corona-Krise genau diese Erfahrung. Aus einem massiven Kontrollverlust wird plötzlich ein regelrechter Rausch des Positiven. Nach einer Zeit der Fassungslosigkeit und Angst entsteht eine innere Kraft. Die Welt »endet«, aber in der Erfahrung, dass wir immer noch da sind, entsteht eine Art Neu-Sein im Inneren.

Mitten im Shut-Down der Zivilisation laufen wir durch Wälder oder Parks, oder über fast leere Plätze. Aber das ist keine Apokalypse, sondern ein Neuanfang.

So erweist sich: Wandel beginnt als verändertes Muster von Erwartungen, von Wahr-Nehmungen und Welt-Verbindungen. Dabei ist es manchmal gerade der Bruch mit den Routinen, dem Gewohnten, der unseren Zukunfts-Sinn wieder freisetzt. Die Vorstellung und Gewissheit, dass alles ganz anders sein könnte – auch im Besseren.

Vielleicht werden wir uns sogar wundern, dass Trump im November abgewählt wird. Die AFD zeigt ernsthafte Zerfransens-Erscheinungen, weil eine bösartige, spaltende Politik nicht zu einer Corona-Welt passt. In der Corona-Krise wurde deutlich, dass diejenigen, die Menschen gegeneinander aufhetzen wollen, zu echten Zukunftsfragen nichts beizutragen haben. Wenn es ernst wird, wird das Destruktive deutlich, das im Populismus wohnt.

Politik in ihrem Ur-Sinne als Formung gesellschaftlicher Verantwortlichkeiten bekam in dieser Krise eine neue Glaubwürdigkeit, eine neue Legitimität. Gerade weil sie »autoritär« handeln musste, schuf Politik Vertrauen ins Gesellschaftliche. Auch die Wissenschaft hat in der Bewährungskrise eine erstaunliche Renaissance erlebt. Virologen und Epidemiologen wurden zu Medienstars, aber auch »futuristische« Philosophen, Soziologen, Psychologen, Anthropologen, die vorher eher am Rande der polarisierten Debatten standen, bekamen wieder Stimme und Gewicht.

Fake News hingegen verloren rapide an Marktwert. Auch Verschwörungstheorien wirkten plötzlich wie Ladenhüter, obwohl sie wie saures Bier angeboten wurden.

Ein Virus als Evolutionsbeschleuniger
Tiefe Krisen weisen obendrein auf ein weiteres Grundprinzip des Wandels hin: Die Trend-Gegentrend-Synthese.

Die neue Welt nach Corona – oder besser mit Corona – entsteht aus der Disruption des Megatrends Konnektivität. Politisch-ökonomisch wird dieses Phänomen auch »Globalisierung« genannt. Die Unterbrechung der Konnektivität – durch Grenzschließungen, Separationen, Abschottungen, Quarantänen – führt aber nicht zu einem Abschaffen der Verbindungen. Sondern zu einer Neuorganisation der Konnektome, die unsere Welt zusammenhalten und in die Zukunft tragen. Es kommt zu einem Phasensprung der sozio-ökonomischen Systeme.

Die kommende Welt wird Distanz wieder schätzen – und gerade dadurch Verbundenheit qualitativer gestalten. Autonomie und Abhängigkeit, Öffnung und Schließung, werden neu ausbalanciert. Dadurch kann die

Welt komplexer, zugleich aber auch stabiler werden. Diese Umformung ist weitgehend ein blinder evolutionärer Prozess – weil das eine scheitert, setzt sich das Neue, überlebensfähig, durch. Das macht einen zunächst schwindelig, aber dann erweist es seinen inneren Sinn: Zukunftsfähig ist das, was die Paradoxien auf einer neuen Ebene verbindet.

Dieser Prozess der Komplexierung – nicht zu verwechseln mit Komplizierung – kann aber auch von Menschen bewusst gestaltet werden. Diejenigen, die das können, die die Sprache der kommenden Komplexität sprechen, werden die Führer von Morgen sein. Die werdenden Hoffnungsträger. Die kommenden Gretas.

„Wir werden durch Corona unsere gesamte Einstellung gegenüber dem Leben anpassen – im Sinne unserer Existenz als Lebewesen inmitten anderer Lebensformen."

Slavo Zizek im Höhepunkt der Coronakrise Mitte März

Jede Tiefenkrise hinterlässt eine Story, ein Narrativ, das weit in die Zukunft weist. Eine der stärksten Visionen, die das Coronavirus hinterlässt, sind die musizierenden Italiener auf den Balkonen. Die zweite Vision senden uns die Satellitenbilder, die plötzlich die Industriegebiete Chinas und Italiens frei von Smog zeigen. 2020 wird der CO_2-Ausstoss der Menschheit zum ersten Mal fallen. Diese Tatsache wird etwas mit uns machen.

Wenn das Virus so etwas kann – können wir das womöglich auch? Vielleicht war der Virus nur ein Sendbote aus der Zukunft. Seine drastische Botschaft lautet: Die menschliche Zivilisation ist zu dicht, zu schnell, zu überhitzt geworden. Sie rast zu sehr in eine bestimmte Richtung, in der es keine Zukunft gibt.

Aber sie kann sich neu erfinden.

aus : www.horx.com und www.zukunftsinstitut.de.

46

Risiko

Ungeachtet aller Gefahren
wird wieder hochgefahren.
Ein Teil des Volkes es so will,
kein Fuß steht mehr still.
Der Ungeduldigen Dummheit wird offenbar,
wenn das ein Fehlschuss war.
Und wenn die Sorgen der Geduldigen jetzt enden,
lassen wir es dabei bewenden.
Wer hat nun kluggeschissen?
Im Nachhinein werden wir es wissen!

FSC
www.fsc.org
MIX
Papier | Fördert
gute Waldnutzung
FSC® C083411

Zeitfracht Medien GmbH
Ferdinand-Jühlke-Straße 7
99095 Erfurt, Deutschland
produktsicherheit@kolibri360.de